I0182861

Einheit ist Frieden

Eine Ansprache von
Sri Mata Amritanandamayi beim
interreligiösen Kongreß zum
50. Jahrestag der Vereinten Nationen
New York, den 21. Oktober, 1995

Mata Amritanandamayi Center, San Ramon
Kalifornien, Vereinigte Staaten

Einheit ist Frieden

Eine Ansprache von Sri Mata Amritanandamayi beim interreligiösen Kongreß zur Feier des 50. Jahrestag der Gründung der Vereinten Nationen, am 21. Oktober 1995.

Ins Englische übersetzt von Swami Amritaswarupananda

Herausgabe durch:
Mata Amritanandamayi Center
P.O. Box 613
San Ramon, CA 94583
Vereinigte Staaten

—————————*Unity is Peace (German)* —————————

Copyright © 2016 Mata Amritanandamayi Center, P.O. Box 613, San Ramon, CA 94583, Vereinigte Staaten

Alle Rechte vorbehalten. Kein Teil dieses Buches darf ohne Erlaubnis des Herausgebers, außer für Kurzbesprechungen, reproduziert oder gespeichert werden oder in sonstiger Form – elektronisch oder mechanisch - fotokopiert oder aufgenommen werden. Die Übertragung ist in keiner Form und mit keinem Mittel erlaubt.

Erstausgabe vom MA Center: September 2016

In Deutschland: www.amma.de

In der Schweiz: www.amma-schweiz.ch

In Indien:
inform@amritapuri.org
www.amritapuri.org

Inhalt

Vorwort

Können Sie sich vorstellen, daß eine einfache Frau aus einem isolierten Fischerdorf in Südindien, die die Schule nie beendete und die in ihren verhüllenden weißen Kleidern so schlicht und irdisch erscheint, im Parlament der Weltreligionen im September 1993 in Chicago spricht, auf einem Podium, wo viele berühmte Gelehrte aus der ganzen Welt sitzen? Können Sie sich vorstellen, daß sie später bei der Interreligiösen Feier in New York zum 50. Jahrestag der UNO eine Rede hält und dabei die Aufmerksamkeit und die Achtung der gelehrtesten Menschen gewinnt? Wir leben in einem Zeitalter, in dem die Existenz Gottes und die Relevanz der Spiritualität ernsthaft in Frage gestellt und sogar kritisiert werden, wie können sich da die sogenannten Intellektuellen und Skeptiker solch eine unwiderstehliche Persönlichkeit wie Amma, die Göttliche Mutter Amritanandamayi Devi, erklären?

Unsere moderne Gesellschaft, in der die Leute hektisch hinter den flüchtigen Trugbildern des Lebens herrennen, ist von Enttäuschungen und Frustration überflutet. Die Wissenschaft macht große Sprünge vorwärts, doch zugleich wird die Existenz der Menschen auf dieser Erde vielfach und ernsthaft bedroht. Die Menschheit hat den Kontakt zum wahren Leben verloren, das auf höheren Werten gründet. Dieses Zeitalter, das man wahrlich „das Zeitalter des Leidens" nennen kann, braucht eine spirituelle Renaissance, damit die Menschen aus ihrem Schlaf erwachen. Es ist höchste Zeit, daß wir die Probleme jeder Nation untersuchen und versuchen, diese von einem spirituellen Standpunkt aus zu lösen. Wie Amma mit Recht in Ihrer Rede sagt: „die Wissenschaft, die sich bis jetzt mit Hilfe des Intellekts entwickelt hat, kann nur durch Meditation vollkommen werden. Nur durch die Erkenntnis des inneren Selbst kann die Wissenschaft ihren Höhepunkt erreichen."

Amma behandelt das Thema: "Visionen für das 21. Jahrhundert" auf Ihre eigene, einfache und klare Art, spricht über die Grundprobleme des Lebens und schlägt spirituelle Lösungen vor.

Allein große Meister wie Amma, die tief in das eigene Bewußtsein eingetaucht sind, können die Menschheit auf dem rechten Weg führen. Wahre Integration aller Menschen einer Nation und Einheit zwischen den verschiedenen Ländern können nur im Licht und in der Liebe geschehen, welche die Meister in die Herzen der Menschen säen. Die leuchtende Präsenz eines wahren Meisters ist der fruchtbarste Boden für uns; mit ihm können wir uns forwährend entwickeln, uns im Licht von wahrer Freiheit, Liebe und Einheit öffnen wie Knospen, welche, von der Erde genährt, in der warmen Frühlingssonne aufblühen.

Nur Liebe kann die Menschheit einen. Wie Amma es in Ihrer Rede erwähnt: "Ein Wassertropfen kann kein Fluß sein; das Zusammenfließen unzähliger Tropfen schafft den Strom. Der wahre Lebensstrom liegt in der Einheit, in dem Einssein, das der Liebe entspringt."

Das Phänomen, das wir unter dem Namen Mata Amritanandamayi kennen, ist so geheimnisvoll wie das Universum. Je näher wir Ihr kommen, desto geheimnisvoller wird Sie. Ich weiß nicht, wie Sie, als Leser, das wunderbare Phänomen Amma erklären würden. Ein Mensch wie ich kann sich nur in absolutem Schweigen, in absoluter Demut und in Hingabe vor dieser unglaublichen, unbegreiflichen Persönlichkeit verneigen, von der ich glaube, daß Sie Sarvatita ist, d.h. jenseits von allem — das eigentliche Prinzip des Jenseits.

Die Worte dieses Büchleins werden dem Leser einen Einblick in die unendliche Weisheit verschaffen, die Amma der Menschheit vermittelt.

Swami Amritaswarupananda

Einleitung

Eine Woge von Geflüster erhob sich: "Wer ist Sie?..." "Wer ist es?..." "Wer...?" "Wer...?" "Wer...?" und erfüllte die Synodenhalle in der Kathedrale St John the Divine in New York, während viele Fotapparate blitzten und die Hälse sich reckten, als unsere geliebte Amma hereinkam, um Ihren Platz einzunehmen. Der Anlaß war ein Treffen religiöser Führer, die am 21. Oktober 1995 den 50. Jahrestag der Gründung der UNO feierten. Es war keine Kritik an dem Redner, der sich gerade auf dem Podium befand, wenn die Köpfe sich um 180 Grad drehten, in die Richtung des leuchtenden Lichtes, das unsere ganze Aufmerksamkeit und unsere Herzen gestohlen hat. Schließlich konnte niemand erfolgreich um die Aufmerksamkeit des ganzen Publikums werben, da über ein Fünftel der Anwesenden aus begeisterten Verehrern von Amma bestand, welche die satsang-Gruppen der Vereinigten Staaten, von Kanada und anderen Ländern vertraten.

Amma wurde von dem organisierenden Komitee der UNO - Konferenz zum Thema "Visionen für das 21. Jahrhundert" wiederholt um

Ihre Mitbeteiligung als Gastrednerin ersucht. Wie immer ließ Sie jedermann bis zur letzten Minute rätseln, ob Sie kommen würde oder nicht. Dann eilten Hunderte von Devotees zu den Fluggesellschaften und Reiseagenturen, um ihren Flug zu buchen und Amma in New York zu treffen.

Ammas Präsentation in der UNO fand am Samstag, den 21. Oktober statt. Sie nahm am Nachmittag mit Friedensnobelpreisträger Oscar Arias (ehemaliger Präsident von Costa Rica) und Dada Vaswani (Leiter der Sadhu Vaswani Mission) an einer Diskussionsrunde teil.

Später am Abend begaben sich Amma, Swami Amritaswarupananda, Swami Ramakrishnananda, Swami Amritatmananda, Swami Premananda, Swamini Amrita Prana, Swamini Krishnamrita Prana und Br. Dayamrita Chaitanya in einem Prozessionszug mit anderen religiösen Führern in die Kathedrale. Jede Tradition bot ein Gebet, ein Lied oder einen Tanz dar, um die göttliche Einheit von allem zu zelebrieren.

Die spirituellen Führer jeder Religion leiteten dann ein Gebet für Frieden, jeder entsprechend seiner Religion. Amma, die das Sanatana Dharma vertrat, sang dreimal das Mantra "Om lokah samastah sukhino bhavantu", in das jedermann einstimmte.

Der Jahrestag der Gründung der Vereinten Nationen begann mit Gebeten und Überblicken über die alten reli-giösen Traditionen der Welt, denn nur durch spirituelle Praxis können wir wahres Mitgefühl entwickeln. In Awaken Children, Band 5, erklärt Amma, daß Mitgefühl der Ausdruck unseres Glaubens an die Existenz der alldurchdringenden Liebe ist. "Wenn Liebe zur göttlichen Liebe wird, füllt auch Mitgefühl das Herz. Liebe ist das innere Gefühl und Mitgefühl ist dessen Ausdruck. Mitgefühl sieht die Fehler, die Schwächen anderer nicht. Es kennt keinen Unterschied zwischen Guten und Bösen. Mitgefühl kann keine Grenze zwischen zwei Ländern, zwei Glaubens-bekenntnissen oder zwei Religionen ziehen. Mitgefühl hat kein Ego, daher gibt es weder Angst, noch Begierde und Leidenschaft. Mitgefühl vergibt und vergißt einfach. Mitgefühl gleicht einer Durchfahrt. Alles geht durch, nichts kann dort bleiben. Mitgefühl ist der Ausdruck vollkommener Liebe."

Der Tempel der Verständigung und der Rat für Zusammenarbeit der religiösen Organisationen finanzierten diese Konferenz, ein Forum, wo religiöse Führer, Botschafter, Wohlfahrtsorganisationen und Erzieher ihre Vision für das nächste Jahrhundert darlegen konnten. Noch während des Gipfeltreffens zum 50. Jahrestag sollte der UNO eine Bilanz der Konferenz gegeben werden. Dr Karan Singh, Präsident des Tempels der Verständigung, eröffnete die Tagung mit dem Singen heiliger Verse.

Seine anschließende Rede hatte zum Thema das Ziel dieser Feier, die durch das Bewußtsein der Notwendigkeit "einer spirituellen Leitung des Politischen" inspiriert worden war. UNO und UNESCO, so Karan Singh, sollten ein neues Denkmuster entwerfen, in dessen Kern die Verantwortung liegen würde, die allgemeinen Werte der Fürsorge, des Mitgefühls und der Toleranz zu pflegen. Die Gruppe der zweiunddreißig Redner war zusammengesetzt aus religiösen Führern von verschiedenen Traditionen, aus einigen Staatspräsidenten und aus Gelehrten. Die anderen vertretenen Religionen waren Buddhismus, Christentum, Judaismus, Islam, Shintoismus, Sikhismus, Zoroastrismus, Baha'I und Akuapim, Traditionelle Religion von Ghana.

Die Versammlung für Zusammenarbeit der Glaubensbekenntnisse rief die religiöse Gemeinschaft, die Vereinten Nationen, die Mitgliedstaaten der Vereinten Nationen und die nicht-staatlichen Organisationen zur Zusammenarbeit auf. Jonathan Granoff, der Präsident der Konferenz, schreibt dazu: "Der wichtigste institutionelle Rahmen in der heutigen Welt ist der Nationen-Staat. Die Stabilität der Nationen ist der vorherrschende Rahmen, aus dem die Tätigkeit der Vereinten Nationen entstanden sind. Wir schlagen vor, eine weitere Dimension hinzuzufügen: der Ausdruck vollendeter Menschlichkeit, in universellen Werten verwurzelt, mit einer Sozialtheorie und Sozialpolitik, die diese Werte zum Ausdruck bringen. Diese wesentlich moralische Grundlage der Sozialpolitik kann nicht länger ignoriert werden. Wir können das Herz und den Weitblick der Menschheit nur beleben, wenn wir an ihre tiefen Wurzeln rühren. Dies,und nichts weniger, braucht die Welt."

Ammas Ankunft in der Halle und Ihre Gegenwart während des Programms blendeten alle. Ihre einmalige Botschaft, von Swami Amritaswarupananda interpretiert, war eine

Erfrischung für Ohren, die nach der Wahrheit lechzten, die nur ein Mahatma vermitteln kann.

Einheit ist Frieden

Eine Rede von Sri Mata Amritanandamayi
in der Kathedrale St John the Divine in
New York, zum fünfzigsten Jahrestag der UNO,
am 21. Oktober 1995 beim Interreligiösen
Kongress zur Feier des 50. Jahrestag der
Gründung der Vereinten Nationen
New York, den 21. Oktober 1995

Ich verneige mich vor allen Anwesenden, deren wahre Natur Höchste Liebe ist.

Amma möchte diese Gelegenheit ergreifen, um auszudrücken, wie sehr sie die selbstlosen Bemühungen der Menschen schätzt, die der Organisation der Vereinten Nationen und dem Tempel der Verständigung dienen.

Wachstum und Entwicklung, so lautet das Motto aller Nationen und Individuen im modernen Zeitalter. Ist es nicht gut, zu wachsen und sich zu entwickeln? Aber doch, sicher! Es ist das Zeichen wirklichen Lebens. Ohne Wachstum und Entwicklung würde das Leben selbst aufhören. Ohne diese zwei Elemente hat das Leben keinen Sinn. Viele Länder haben ein erstaunliches wirtschaftliches Wachstum erlebt. Trotzdem stehen sie noch vor großen inneren Problemen. Und oft ist auch Bedrohung von außen durch andere Länder vorhanden. Ganz allgemein sind die Menschen aller Nationen unzufrieden und unruhig. Ihre Gemüter sind von Angst und Mißtrauen erfüllt. Die Welt brodelt wie ein Vulkan. Wir leben in einer Welt, wo Menschen und Nationen dazu bereit sind, einander mit Füßen zu treten und zu zerstören, wenn sich die Gelegenheit dazu ergibt.

Amma meint nicht, daß Güte und gute Menschen völlig von der Erdoberfläche verschwunden sind. Es gibt natürlich tugendhafte Menschen und Organisationen wie die Vereinigten Nationen, die sich stark darum bemühen, den verlorenen Frieden und die Harmonie auf diesem Planeten wiederherzustellen. Aber die Güte auf dieser Welt verbreitet sich nicht in einem Rhythmus, der es ermöglichen würde, den schnell wachsenden bösen Kräften Schranken zu setzen. Wir haben die Liebe, die Fürsorge und das Vertrauen vergessen, die Menschen füreinander empfinden sollten. „Hauptsache ist, daß ich meinen Willen habe; wie ich es anstelle, ist mir völlig egal!" So denken viele Menschen, und die Gedanken jedes Individuums werden reflektiert und fügen sich ein in die kollektiven Gedanken einer Nation.

Das Leben ist fast zu einem Schlachtfeld geworden, wo es keine Nahen und Lieben gibt, sondern nur Feinde. Diejenigen, die man heute Seite an Seite kämpfen sieht, gehen vielleicht morgen schon auseinander und streiten. Dies geschieht jetzt täglich in der Welt. Das Ego und die Selbstsucht der Menschen haben die menschlichen Beziehungen zu billigem, geschäftsmäßigem Verhalten reduziert. Wir haben jede

Fürsorge für unsere Mitmenschen verloren. Die Eigenschaften, die uns zu wahren Menschen machen, werden geopfert.

Manche Länder erklären mit Stolz, daß sie auf vielen Gebieten große Fortschritte erzielt haben. Dies mag wohl stimmen, doch als Ganzes ist ihre Entwik-klung stecken geblieben. Ein Land mag wohl äußerlich wachsen, während die innere Seele schwächer wird.

Ein Mensch kann große Schönheit und eine anziehende Persönlichkeit besitzen, so daß niemand an ihm vorbeigehen kann, ohne wenigstens einen Blick auf ihn zu werfen. Aber was bedeutet das alles, wenn er bereits von einer ernsthaften Krankheit befallen ist? Oder wenn er kurz vor einem Tod durch Herzversagen steht ? Dies ist der Zustand vieler Länder: die äußere Fassade ist sehr schön verziert, doch innen bricht alles zusammen.

Es gab Zeiten, in denen der Mensch natürliche Phänomene mit großer Verwunderung betrachtete. Im Laufe der Zeit wuchs die Denkkraft des Menschen, und er begann, die Natur solcher Erscheinungen zu untersuchen und zu hinterfragen, anstatt sie nur zu beobachten. Er bemühte sich hart, in die Geheimnisse des Universums einzudringen. Durch Experimentieren erfand er vieles. Er entdeckte sogar die feinsten Komponenten des Atoms. Er flog zum Mond. Viele Träume des Menschen, die als unerreichbar galten, sind verwirklicht worden und unter seiner Kontrolle. Rein durch seine intellektuelle Stärke ist es dem Menschen gelungen, den Weltraum zu erobern. Er hat auch Computer entwickelt, die fast jede Art von Arbeit verrichten können. Trotzdem ist da aber etwas, das unbekannt und jenseits der menschlichen Reichweite ist. Es ist die unendliche Macht des eigenen Selbst.

Der Mensch hat die Wahrheit noch nicht erkannt, daß die universelle Macht in ihm selbst existiert. Diese Überzeugung ist noch nicht fest in ihm verankert. Diese höchste Wahrheit kann allein durch Glauben und Meditation erfahren werden. Die Wissenschaft, die sich bis jetzt mit Hilfe des menschlichen Intellekts entwickelt hat, kann nur durch Meditation vollkommen werden. Nur durch die Erkenntnis des eigenen Selbst kann sie ihren Höhepunkt erreichen.

Möge unsere Bemühung, unsere eigene, wahre Natur zu entdecken, diese innere universelle Macht, zu einem Wahrzeichen des bald anbrechenden Jahrtausends werden. Möge dies als eines der wichtigen Ziele des nächsten Jahrhunderts erkannt werden. Wenn wir der unendlichen Macht des Selbst vertrauen, haben wir nichts zu verlieren, abgesehen von den Ketten der eigenen Unwissenheit. Damit unsere Herzen sich öffnen, damit wir einander kennenlernen und das Leiden, die Schmerzen anderer verstehen, indem wir uns an ihre Stelle setzen können, muß der Kerker der Ignoranz, der uns einengt, aufbrechen.

Für die moderne Wissenschaft zerfällt die Welt in zwei Kategorien: das Bekannte und das Unbekannte. In Zukunft werden die Wissenschaftler vieles entdecken, was noch nicht bekannt ist. Was wir aber entdecken sollten, ist das Nichtwißbare, das weit jenseits des Intellekts liegt. Das ist Gott oder unser eigenes wahres Selbst.

Wir können wohl die Existenz Gottes leugnen, aber der Intellekt kann weder Seine Existenz noch Seine Nichtexistenz beweisen. Wenn er die Existenz Gottes beweisen könnte, wenn er Gott erfassen könnte, würde es nur bedeuten, daß der Intellekt größer als Gott ist. Wenn man Gott durch den Intellekt begreifen könnte, dann bräuchte man weder Gott noch Religion.

Wissenschaft und Intellekt würden genügen. Wir brauchen keinen Gott, der unter Kontrolle des Intellekts steht. Wir brauchen Glauben an eine höchste Macht, die das ganze Universum kontrolliert und jenseits von Intellekt und Sinnen liegt. Der Glaube an diese kosmische Macht und die Praxis der Meditation, um diese Macht zu erkennen, sind der Weg. Nur damit können wir zum Wissen über das Selbst, zu Einheit, Frieden und Harmonie gelangen.

Diese Macht ist das eigentliche Substratum unserer Existenz - und die eigene Existenz können wir nicht bestreiten. Die Wahrheit „Ich existiere" versteht sich von selbst. Gott kann man leugnen, indem man behauptet: „Der Glaube allein hat Gott erschaffen.", die Wirklichkeit der Existenz aber müssen wir zugeben. Diese Existenz, diese kosmische Macht, ist Gott. Gott besitzt keine anderen Hände, Augen, keinen anderen Körper als unsere. Er bewegt sich durch unsere Hände, Er geht mit unseren Beinen, Er sieht mit unseren Augen und Er ist es, der tief in jedem Herzen schlägt.

Das Universum ist eins, nicht viele. Der Mensch hat die Welt in Fragmente geteilt, nicht Gott. Und es ist der Mensch, der durch seine

Gedanken und Handlungen in die natürliche, harmonische Einheit der Welt Unruhe und Zerstörung bringt. Jedes Atom besitzt im Universum die Funktion eines Bausteins und ist von Natur aus mit jedem anderen Atom des Universums verbunden. Der Planet, auf dem wir leben, ist keine isolierte Entität, die abgetrennt vom Rest des Universums funktioniert. Alles ist Teil des Ganzen. Wenn irgendwo etwas Gutes, Erhebendes geschieht, werden solche Schwingungen in dem Einen Universellen Gemüt (*mind*) reflektiert. Im Fall einer bösen Handlung werden schlechte Schwingungen reflektiert. Die Intensität der Reflexion entspricht der Intensität, mit der wir gute oder böse Handlungen ausführen. Leider haben in der modernen Welt menschlicher Egoismus und Bosheit die Oberhand gewonnen. Demzufolge reflektieren die Schwingungen der einen Weltfamilie diese Negativität.

Die Menschen, die diesen Planeten bevölkern, sind die Seele, das Leben dieser Welt. Mit demselben Eifer, mit dem wir uns in der äußeren Welt um wirtschaftlichen Fortschritt bemühen, sollten wir uns darum bemühen, in der inneren Welt – dem wahren Leben einer Nation – Harmonie zu schaffen. Die Gedanken und Taten der

Menschen geben jedem Land seine Macht, seine Lebenskraft und seinen Frieden.

In der Vergangenheit schützte und ernährte uns die Natur. Das unkluge Eingreifen des Menschen und die selbstsüchtige Ausbeutung von Mutter Natur haben ihr empfindliches Gleichgewicht gestört. Die schlechten Auswirkungen davon zeigen sich in der ganzen Welt. Regen, Wind und Sonne, die im richtigen Verhältnis und zur richtigen Jahreszeit zu kommen pflegten, sind jetzt unregelmäßig und bringen oft Zerstörung mit sich. Es ist unsere Verantwortung, die verlorene Harmonie der Natur wiederherzustellen.

Viele Leute, besonders unter der jungen Generation, verfallen der Drogensucht oder anderen Süchten. Sie verlieren so ihre Lebenskraft, ihre schöpferischen Fähigkeiten und die Möglichkeit, sich selbst und der Welt zu nutzen. Die junge Generation, die blühen und in der Welt ihren Duft ausströmen sollte, verkümmert schon im Knospenstadium. Bereits ist eine Generation vom Weg des *dharma* abgekommen. Um eine kräftige und gesundheitsförderliche Gesellschaft wieder aufzubauen, muß man den Kindern moralische und spirituelle Werte vermitteln. Dies sollte ein

Schwerpunkt in allen Erziehungssystemen der ganzen Welt sein.

Es sollte als eines der wichtigsten Ziele des 21. Jahrhunderts erkannt werden, diese entscheidenden Umstände zu verbessern, denn die Zukunft der Welt wird davon mitbestimmt werden.

Dieselbe Lebenskraft, die in den Bäumen, in den Pflanzen und in den Tieren pulsiert, strömt auch in uns . Die Lebensenergie, die uns die Kraft zu sprechen und zu singen gibt, ist die gleiche, die hinter dem Gesang des Vogels und dem Brüllen des Löwen steckt. Das gleiche Bewußtsein, das in und durch jeden Menschen fließt, leiht seine Kraft dem Wehen des Windes, dem Fließen des Stromes und dem Licht der Sonne. Hat man einmal dieses subtile Prinzip wirklich erfaßt, wie könnte es dann noch das Gefühl eines Unterschieds geben? Wenn wir nun unser Wachstum, unsere Entwicklung, im Licht dieser großen Wahrheit betrachten, stellt sich allerdings die Frage, ob die Menschen sich eigentlich überhaupt entwickelt haben, ob sie gewachsen sind. Das Wachstum, das wir heute sehen, ist partielles Wachstum. Nur einige Teile wachsen – die Welt als Ganzes bleibt ungesund. Das können wir nicht als wahren Fortschritt bezeichnen.

Nehmen wir als Beispiel den menschlichen Körper. Der Körper als Ganzes, mit allen inneren und äußeren Organen, muß wohlproportioniert wachsen, damit Gesundheit und Wohlsein erhalten bleiben. Nur dann betrachten wir sein Wachstum als solches. Wenn der Kopf allein wächst, während alle anderen Teile des Körpers unentwickelt bleiben, müssen wir das als ungesundes, unproportioniertes Wachstum bezeichnen. Ein solcher Mensch wäre mißgebildet und ungesund.

Dasselbe Prinzip gilt für die Welt. So wie der Körper ist auch die Welt ein Ganzes, eine Einheit. Die einzelnen Nationen sind ihre verschiedenen Organe. Heutzutage ist jedes Land nur um den eigenen Fortschritt besorgt. Die Gefühle anderer Menschen und die Traditionen anderer Nationen werden überhaupt nicht berücksichtigt. Wenn wir diese Situation einzuschätzen versuchen, davon ausgehend, daß die ganze Welt ein einziger Körper ist, eine Einheit, dann müssen wir solches Wachstum als Teilwachstum betrachten. Eine Nation ist nur ein Organ, ein Teil des einen Weltkörpers. Wie könnte man daher das sogenannte Wachstum eines einzigen Landes als integriertes, ganzes Wachstum betrachten?

Die Menschen haben für alle Bereiche des Lebens Kategorien und Fächer. Sie zerteilen alles. Da das Gemüt geteilt ist, ist auch das Leben des Menschen geteilt. Spaltung im Gemüt eines Individuums kann Spaltung innerhalb der Familie verursachen, was wiederum Folgen in der Gesellschaft, in der Nation und in der ganzen Welt haben wird. Diese Haltung der Zerteilung verbreitet sich wie eine ansteckende Krankheit und ist dabei, sich auf die ganze Menschengattung zu übertragen. Wir sind weit entfernt von Einheit und Integration. Die Ursache für solche Teilung und Verwirrung liegt in unserer Verkennung des wesentlichen Lebensprinzips.

Ein und derselbe Rhythmus, eine und dieselbe Melodie pulsieren in der ganzen Schöpfung. Wenn wir diese Wahrheit einmal erfaßt haben, werden sich alle Widersprüche und Unterschiede lösen und verschwinden. Dann werden wir die ewige Musik des Selbst hören, sowohl innen als auch außen. Die göttliche Blume des Friedens und der Ruhe wird blühen, und ihr Duft wird sich über die ganze Welt verbreiten.

Wir haben vergessen, daß die erste und wesentlichste Pflicht aller Menschen darin besteht, an der Wiederherstellung von Frieden und Einheit in der Welt mitzuarbeiten. Es ist aber nicht möglich, Frieden und Einheit zu erlangen, ohne das Eine zu verwirklichen, das dem Ganzen zu Grunde liegt, das Selbst, das eine, alles durchdringende Bewußtsein. Um diese Pflicht zu erfüllen, müssen wir zusammen mit dem materiellen Fortschritt auch spirituell wachsen. Jede Nation sollte eine Haltung entwickeln, die einem Gefühl des Einsseins, der Einheit, entspringt, und jedes Gefühl des Getrenntseins aufgeben. Jedes Land sollte seinen materiellen Wohlstand nur auf dieser Grundlage des Einsseins anstreben.

Jedes Land sollte sich bewußt darum bemühen, andere zu verstehen und anderen Nationen gegenüber einfühlsamer zu werden. Wir sollten jede Nation als Verbündeten jeder anderen Nation betrachten. Nur wenn wir unser Bestes tun, um die Schwierigkeiten und das Leiden anderer Länder zu verstehen, können wir zusammen in dem einenden Geist der Liebe handeln und arbeiten. Nur dann wird diese Welt perfekt wachsen, als Einheit, als Ganzes. Solches Wachstum allein wird Gleichmut, Brüderlichkeit und Frieden gedeihen lassen. Sonst ist das einzige Ergebnis solchen Wachstums Schwäche und Verfall. Kein wahres Wachstum findet statt.

Diese Welt ist wie eine Blume. Jede Nation ist ein Blütenblatt. Wenn ein Blütenblatt erkrankt, wirkt es sich nicht auf die anderen Blütenblätter aus? Zerstört die Krankheit nicht das Leben und die Schönheit der Blume? Ist es nicht die Pflicht von allen, die Schönheit und den Duft dieser einen Weltblume vor der Zerstörung zu schützen? Diese unsere Welt ist eine große, wunderbare Blume mit vielen Blütenblättern. Erst wenn wir diese Wahrheit begreifen, wenn sie in uns tiefe Wurzeln schlägt, wird es wirklich Frieden und Einheit geben. Das Seilziehen zwischen den Nationen ist wie ein Wettkampf zwischen den Blütenblättern einer Blume. Das einzige Ergebnis ist das Welken der Blütenblätter. Die ganze Blume wird dadurch zerstört. Zerteilung bedeutet nur Verschwendung unserer Energie und unserer Lebenskraft; wirkliche Kraft liegt in Einheit, nicht in Trennung.

Wenn wir unser Einsseins mit dieser universellen Macht erfahren, wird die ganze Welt unsere Familie werden. Wenn diese Erkenntnis in uns aufgeht, können wir von diesem Augenblick an nicht mehr nur für einige Leute, für eine Gemeinschaft oder eine besondere Nation arbeiten. Wenn wir diese Wahrheit verwirklichen, wird das ganze Universum zu unserer Wohnstätte.

Die ganze Schöpfung wird unser Eigen. Wir erkennen, daß alles von Gottesbewußtsein, von höchster göttlicher Macht durchdrungen ist. Wir sehen alles als verschiedene Namen und Formen dieser göttlichen Macht. Das Universum wird zu unserem eigenen Körper; die verschiedenen Nationen und ihre Einwohner sind Teile unseres universellen Körpers. Wer solche Erfahrung besitzt, ist jenseits jeder Zersplitterung und wird zu einem vollkommen geeinten und integrierten Menschen. Solche Persönlichkeiten sind die Verkörperung reiner, unbefleckter Liebe. Sie drücken diese göttliche Liebe durch alle ihre Worte und Taten aus. Dadurch begeistern sie die Menschen und verwandeln ihr Leben.

Zusammen bilden wir eine Macht, eine unbesiegbare Macht. Wenn wir alle Hand in Hand und mit Liebe zusammenarbeiten, fließt nicht nur eine einzelne Lebenskraft, sondern die Lebensenergie unzähliger Menschen, der ganzen Gruppe, harmonisch und unbehindert. Aus diesem ununterbrochenen Strom der Einheit wird dann wahrer Fortschritt entstehen und wir werden erleben, daß Frieden in die Welt kommt.

Ein Wassertropfen kann kein Fluß sein; zahlreiche Wassertropfen bilden den Fluß. Das zusammenfließen unzähliger Tropfen schafft den Strom. Der wahre Lebensstrom liegt in Einheit, in dem Einssein, das der Liebe entspringt.

Laßt uns zusammen beten und meditieren. Auf diese Weise werden wir das Ufer des Friedens erreichen. Wenn wir als Gruppe meditieren und beten, fließt die Lebensenergie aller Anwesenden harmonisch zu einem einzigen Strom zusammen, der einen göttlichen Duft ausströmt, von dem Nektar der Liebe durchtränkt. Dies wird wiederum Schwingungen des Friedens und der Einheit in der Atmosphäre schaffen. Laßt uns unsere Gemüter auf die eine Höchste Macht einstimmen und jeden Gedanken an Teilung vergessen, öffnen wir unsere Herzen, und sprechen wir mit unserer ganzen Seele folgendes Gebet:

Lokah samastah sukhino bhavantu
Mögen alle Wesen in dieser Welt und in allen anderen Welten glücklich sein.
In solchen Augenblicken des Gebets reflektieren die Schwingungen des Gebets im Gemüt aller Menschen und bringen Frieden und Ruhe.

Om shanti, shanti, shanti...
Frieden, Frieden, Frieden...

www.ingramcontent.com/pod-product-compliance
Lightning Source LLC
Chambersburg PA
CBHW070050070426
42449CB00012BA/3213